JN060742

## 指文字表の見方

 相手から見たときの右手の形

 自分から見たときの右手の形

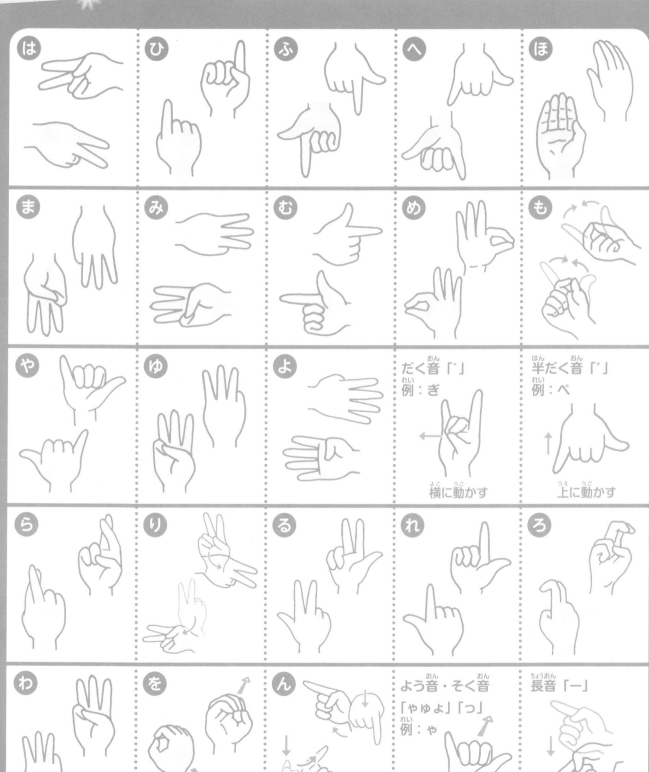

| は | ひ | ふ | へ | ほ |
|---|---|---|---|---|
| ま | み | む | め | も |
| や | ゆ | よ | だく音「゛」例：ぎ　横に動かす | 半だく音「゜」例：ぺ　上に動かす |
| ら | り | る | れ | ろ |
| わ | を　手前に引く | ん | よう音・そく音「やゆよ」「っ」例：や　手前に引く | 長音「ー」たてぼうを書く |

知ろう! あそぼう! 楽しもう!

# はじめての手話❸

# 手話レク
であそぼう!

監修:大杉 豊(筑波技術大学 教授)

# はじめに

　この地球ではさまざまな人たちがくらしています。みなさんが1人ではなく仲間でささえ合って生きることの大切さを学ぶなかで、耳の聞こえない人たちとの出会いもあるでしょう。そのとき、聞こえない人とのコミュニケーション方法を知っていれば、たがいに心を通わせることができ、友達になる一歩をふみだす大きな力になります。この本が、みなさんの世界を広げていくことに役立つよう願っています。

　3巻では、クラスの友達や家族とあそべるレクリエーションを紹介します。手の動きだけでなく体もたくさん動かして、楽しく手話を身につけていきましょう。聞こえない人も聞こえる人もいっしょに楽しんでください。

監修 大杉 豊（筑波技術大学 教授）

## 動画も見てみよう！

このマークがあるページは
動画が見られるよ！

こんな動画が見られる！

インターネットにつながるスマートフォンやタブレットで、QRコードを読みこんでみよう！ 本にのっている手話レクを動画でくわしく見られるよ。

出演しているのは……

たまきさん

はるきさん

ゆめさん

みほさん

※この本のQRコードから見られる動画は、予告なく内容をへんこうしたりサービスをしゅうりょうしたりすることがあります。

# もくじ

## 矢印の見方　矢印の種類によって、手の動かし方がちがうよ。

白い三角の矢印は、手を前か後ろに動かす。

赤い三角が2つの矢印は、2回以上くり返し動かす。

赤い三角の矢印は、手を左右か上下に動かす。

＊この本で紹介している手話は、おもに標準手話です。手話には、同じ単語でも、ことなる表現があります。この本では、いくつかあるなかの1つを紹介しています。

＊手話と指文字の絵は、右利きの人用にえがいています。左利きの人は、やりやすいように左右の手を入れかえてもかまいません。

# この本の使い方

この本では、手話を使ったレクリエーションを紹介しています。
手話を知っている人も、これから知る人も、手話レクを通して、
手話の世界を思いっきり楽しんでください。

むずかしさを表しています。
★の数は1〜4つ。数が多い
ほどむずかしくなります。

あそぶ人数と時間のだいた
いの目安を表しています。

手話レクのアレンジ
を紹介しています。

手話をするときのコツや
手話レクを楽しむためのポ
イントを紹介しています。

手話レクで使え
る単語を紹介し
ています。

手話でたくさん
あそぼう!

4

# 手話マスターを目指そう！

手話レクをして、4つのことにちょうせんしましょう。
すべてできたら、手話マスターです。

## ① 手話を覚える

名詞や動詞、形容詞など、手話のいろいろな単語を覚えましょう。話せる単語がふえると、実際に手話で話すときに、よりうまく相手に伝えられるようになります。

## ② 文字や数字で伝える

決まった手話がない名前や地名などを相手に伝えるときは、手の形と動きで50音を表す指文字が必要です。50音のほかに、外国でも通じるアルファベットの指文字や、数や日にちを表す数字の手話も使えるようになりましょう。

## ③ 気持ちを表現する

手話で話すときは、顔の表情や手の動きの大きさを変えることで、気持ちを相手に伝えることができます。気持ちに合った表現の仕方を考えて、手の動かし方も意識しながら表情ゆたかに話してみてください。

## ④ コミュニケーションを楽しむ

手話で、相手に質問したり、質問に答えたりして、手話の文法にもふれてみましょう。短い会話ができるようになれば、コミュニケーションの輪はぐっと広がります。

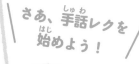

さあ、手話レクを始めよう！

# 当てっこゲーム

ものの動きや形を表現した手話を見て、その手話の意味を当てましょう。もののとくちょうを表している手や指の動かし方が、ヒントになっています。

**あそぶ目安**

人数：3〜5人

時間 (10)分

## あそび方

❶ 手話をする人（1人）と手話の意味を当てる人に分かれる。手話をする人は、手話を1つ決めてみんなに見せる。

6ページの手話レクを動画で見られるよ！

★このゲームで使える手話が8〜9ページにのっているよ。

この手話な〜んだ？

バナナ！

正解！

### POINT!

手話をする人は、伝えるものをイメージして表現することが大切だよ。意味を当てる人は、手や指の動きをよく見て考えてみよう。

❷ 意味を当てる人は、その手話の意味を推理する。わかったら手を挙げて、手話をする人にだけ答えを言う。

# もっと あそぼう！ 楽しもう！

## ジェスチャーで質問しよう

### あそび方

意味を当てる人は、手話をする人にジェスチャーだけで質問をする。

大きさや形を質問したいときは、手で形を作ってたずねたり、指で空中に形をかいてみたりしよう。色を聞きたいなら、まわりにあるものを指さして、「この色？」とたずねるような表情をするといいね！

## クイズにしよう

飛べるのはどっち？

❶ ねこ　　❷ ちょう

### あそび方

手話をする人は、クイズを出して2つの手話を見せる。そのほかの人は、わかったら手を挙げて答える。

生き物のほかにも、ボールを使うスポーツやはしを使う食べ物などをクイズにしてもいいね。

わかった！②だ！

# こんな 手話 を使ってみよう!

ものの動きや形を表現した手話はいろいろあります。たとえば、「ライオン」の手話は、ライオンのたてがみを、「サッカー」の手話は、ボールをける様子をもとにできています。

手話の手の形になっている指文字は、最初のページにのっているよ。見てみよう!

## 生き物

### カンガルー
指文字の「き」を作り、カンガルーがはねるように前へ動かす。

### とんぼ
人さし指と中指をのばした両手を交差させて、とんぼの羽のように上下に動かす。

### たこ
手のこうに、反対の手の指先をつけて、下側の手の指をたこの足のようにゆらす。

### ライオン
両手の指を軽く曲げて、頭の上から顔にそってもこもこと動かしながら下ろす。

## 乗り物

### 飛行機
親指と小指をのばし、手のこうを上にしてななめに上げる。飛行機が飛ぶ様子。

### 自転車
両手をグーにし、自転車をこぐように、こうごに回す。

### ロケット
片方の手で指文字の「ほ」を作り、軽くにぎったもう片方の手をそえる。ロケットを打ち上げるように、指文字「ほ」の手を上へ、もう片方の手を開いたりとじたりしながら下げる。

スポーツ

### 水泳
のばした人さし指と中指を、泳ぐようにこうごに上下させながら、横へ動かす。

### サッカー
指で輪を作り、ピースをさかさにした反対の手の人さし指で輪をはじく。

### ラグビー
軽く丸めた両手を向かい合わせて、ラグビーボールをえがくように左右に引き、指をとじる。そのあと、ボールをわきにかかえて走るしぐさをする。

食べ物

### バナナ
両手の指先を上下に合わせて、バナナの皮をむくように、上側の手を1回ずつ、2方向へ下げる。

### プリン
手のひらの上に、指を広げて丸めた手をのせて、横にゆらす。皿の上のプリンがゆれる様子。

### とうもろこし
とうもろこしを手に持って食べるように、口の高さでグーを作り、前後へ回しながら、口をぱくぱく動かす。

### そば
人さし指と中指をのばして、そばをつゆにつけるように、丸めたもう片方の手に下ろして口元に運ぶ。

---

## QUIZ! なんの手話かな？

手指の動きを見て、1と2の手話の意味を当てよう！

**1**

細長くて、舌の長い生き物だよ!

親指をななめ前へ立てた手を、くねくねさせながら前に出す。

**2**

人をのせて、上がったり下がったりするよ。

手のひらに、さかさにしたピースをのせて、両手を同時に上下させる。

答え 1 ヘビ（へびが体をくねくねさせて、エサをねらう様子） 2 エレベーター（人をのせて、エレベーターが動く様子）

9

# 手話じゃんけん

手話でじゃんけんをします。グー・チョキ・パーのじゃんけんとは動作が変わり、なれるまではむずかしいかもしれませんが、みんなで楽しみながら手話を覚えましょう。

あそぶ目安

人数：2〜5人

時間 5分

## あそび方

「太陽」「雨」「風」の手話でじゃんけんをする。まず、「最初は太陽！」というかけ声に合わせて、太陽の手話をする。「じゃんけんぽん」で、3つの手話のどれかをする。

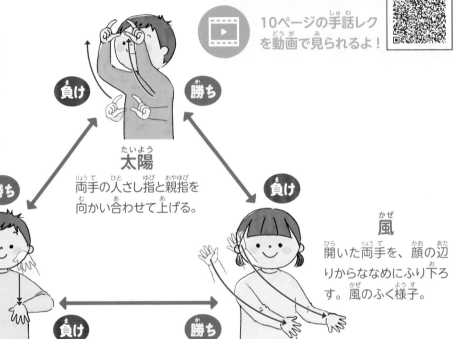

10ページの手話レクを動画で見られるよ！

**太陽**
両手の人さし指と親指を向かい合わせて上げる。

**雨**
両手を広げて下向きにし、上下させる。雨がふっている様子を表す。

**風**
開いた両手を、顔の辺りからななめにふり下ろす。風のふく様子。

負け　勝ち　勝ち　負け　負け　勝ち

最初は太陽！

じゃんけんぽん

わたしの勝ち！

 **あそぼう！楽しもう！**

## 世界のじゃんけん

### あそび方

「ふくろ」「かなづち」「はさみ」で勝敗を決めるベトナムのじゃんけんを手話で行う。「最初はふくろ！」というかけ声に合わせて、ふくろの手話をする。「じゃんけんぽん」で、3つの手話のどれかをする。

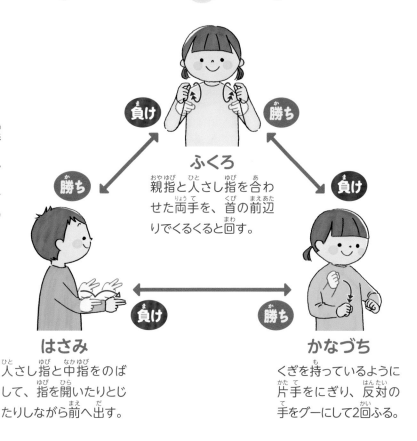

**ふくろ**
親指と人さし指を合わせた両手を、首の前辺りでくるくると回す。

**はさみ**
人さし指と中指をのばして、指を開いたりとじたりしながら前へ出す。

**かなづち**
くぎを持っているように片手をにぎり、反対の手をグーにして2回ふる。

## 足して早出し競争

### あそび方

❶ リーダーを1人決める。リーダーは、左右を足して10までの数になるように、両手で数字の手話を出す。

❷ そのほかの人は、リーダーの出した両手の数を足して、数字の手話で答える。早く答えた人の勝ち。

あっ、速い！

# 相性ぴったりゲーム
あいしょう

リズムに合わせて手話をするゲームです。右のページにある「あそぶ」
「ねる」「どっち?」の3つの手話を使います。相手と手話がそろったら、
2人の相性はぴったりかも?

**あそぶ目安**

人数：2人
にんずう ふたり

時間 (5)分
じかん ふん

## あそび方
かた

 12〜13ページの手話レク
を動画で見られるよ!

❶ 向かい合って、2回はく手する。
む あ かい しゅ

パンパン

❸ 2人とも「ねる」の手話をして、2回はく手。
ふたり しゅわ かい しゅ

パンパン

ねる

❷ 2人とも「あそぶ」の手話をして、2回はく手。
ふたり しゅわ かい しゅ

パンパン

あそぶ

### POINT!
ポイント

相手と目を合わせ
あいて め あ
て、手の動きや表情を
て うご ひょうじょう
しっかり見ながら、タイ
み
ミングを合わせてやって
あ
みよう。

# この手話レクで使う手話は、下の3つだけ！

**あそぶ**
両手の人さし指を立てて、顔の横でこうごに、前後にふる。

**ねる**
頭にまくらを当てるように、グーを耳の上辺りに当てて、頭を少したおす。

**どっち？**
両手の人さし指を立てて、こうごに上下させる。

❹ 2人とも「どっち？」の手話をして、2回はく手。

パンパン

なれてきたらスピードを速くしてチャレンジしてみよう！

❺「ほいっ！」で、2人とも「あそぶ」か「ねる」のどちらかの手話をする。

ほいっ！！

2人の手話がちがったら……
**相性ビミョー**

2人の手話がそろえば……
**相性ぴったり♥**

## 言葉を変えてみよう

「あそぶ」と「ねる」を別の言葉に変えてやってみよう。

**食べる**
片手の人さし指と中指をのばし、反対の手のひらから口元に近づける。

**歌う**
のばした人さし指と中指を口元に当てて、円をえがきながら前に出す。

13

# 指文字しりとり

手の動きと形で、50音を1字ずつ表せる指文字を使って、しりとりをしましょう。指文字は、名前や地名など手話のない単語を伝えたいときによく使います。

**あそぶ目安**

人数：2〜5人

時間 (10)分

14ページの手話レクを動画で見られるよ！

## あそび方

ひらがなの指文字を使ってしりとりをする。声を出さずに、指文字だけで伝える。

★最初のページに、ひらがなの指文字がのっているよ。

START

い → る → か

か → さ → さ → め

## QUIZ!
## 読めるかな？

しりとりになっているよ。4つの単語を読み取ろう。指文字は、相手から見たときの右手の形だよ。

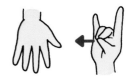

答え　なつ → つくえ → えのき → きつね

# もっと あそぼう！楽しもう！

## 口パクしりとり

### あそび方

❶ 4〜5人のグループになり、「食べ物」「学校にあるもの」などテーマを決める。テーマに合う単語を口パクとジェスチャーで順番に伝えていき、しりとりをする。

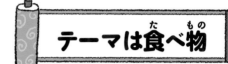

テーマは食べ物

❷ 最後の人まで続けたら、口パクで伝えたしりとりの言葉を1人ずつ発表して、答え合わせをする。正しく読み取れていなかったら失敗！

すし → しめじ → いか？ → かき

失敗！

### POINT!

耳の聞こえない人は、相手の口の動きから言葉を読み取ることができるように練習しているよ！
話すときは、口元を見せて、はっきり動かすと伝わりやすくなるね。

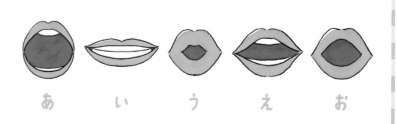

あ　い　う　え　お

## 指文字で地名クイズ

### あそび方

クイズを出す人（1人）が、指文字で都道府県などの地名を表す。答える人は、それを見て地名を当てる。むずかしいときは、クイズを出す人が、絵をかくなどしてヒントを出す。

①〜⑥の指文字を読み取ってみよう！

黒板の絵がヒントだよ！

★指文字は、相手から見たときの右手の形だよ。

相手に手話が伝わらなかったとき
に、指文字で単語を1字ずつ表すこと
もできるよ。正確に伝えるために、む
ねの辺りで手を動かすようにして、相
手に手をしっかり見せよう。

ひらがなの指文字は、
アルファベットやカタカナなど、
何かの形を表現したものが
多いんだって！ 1巻で
くわしく紹介しているよ。

その地名の有名なものが
かかれているんだね！

# 連想ドン！

お題を決めて、そこから連想する色の手話を「せーの！」でいっせいに表現しましょう。お題の例は、右のページで紹介しています。これまでのページに出てきた手話でも楽しめます。

## あそび方

❶ 1人がお題の単語を決めて、その手話をみんなに見せる。

18〜19ページの手話レクを動画で見られるよ！

新幹線！

新幹線ね！

❷ 手話を見る人は、単語からイメージする色を考える。

青色！

黄色かなぁ。

ラインが青色だよね！

白色かな？

## POINT!

乗り物や生き物など、覚えた手話を使ってあそべる手話レク。色の種類が多いものをお題にすると、イメージする色がたくさんあって、もり上がるよ。

お題を色にして、その色からイメージするものを答えるようにしてもいいね。

❸「せ～の！」で、それぞれがイメージした色の手話を、全員で同時にする。

お題を決めた人と同じ手話をしたら1ポイント！ 5問出して、最後にいちばんポイントが高かった人の勝ち。

## お題を変えてチャレンジ！

お題の単語を変えてやってみよう。「風」のように、実際は色のないものをお題にしてもおもしろいよ。

みんなは何色をイメージするかな？

### 太陽
両手の人さし指と親指を向かい合わせて上げる。

### 風
開いた両手を、顔の横の辺りからななめにふり下ろす。

### 花火
少し丸めた両手をむねの辺りで合わせて、頭の辺りまで上げてから左右に開く。

### 鳥
のばした人さし指と親指を前へ向けて口元に当て、鳥のくちばしのように指を開いたりとじたりする。

### ジュース
小指で「J」の字を書き、小指の指先を口に当てる。

### ぼうし
ひたいの前で親指と残りの指をのばし、前に出しながら、指をくっつける。ぼうしの「つば」をイメージ。

# こんな 手話 を使ってみよう！

「連想ドン！」でも使える、12色の手話を覚えましょう。たとえば、地面から生えた草を表現した緑色の手話のように、その色から想像するものを身ぶりで表現した手話もあります。

**白色**
人さし指で自分の歯をさして、指先を横にふる。

**赤色**
人さし指をくちびるのはしに当て、横に引く。

**青色**
指をそろえた手をほおに当て、後ろに引く。

**オレンジ色**
指で輪を作り、顔の前で数回ふる。

**むらさき色**
指文字の「む」を作り、口のはしに当てて、くちびるにそって横に動かす。

**ねずみ色**
口の前で、ねずみの歯のように、人さし指と中指の指先を曲げたりのばしたりする。

**茶色**
にぎった手をあごに当て、2回下に動かす。

「色」という手話は、絵の具のチューブのふたを開ける動きからできたといわれているよ。

**色**
指先をつまんで両手を合わせ、それぞれを逆方向へひねる。

**緑色**
手のひらを下に向けて置き、その手前で、反対の手を広げて横に動かす。

**黄色**
親指と人さし指をのばし、親指をひたいに当てて、人さし指をたおす。「とさか」を表現。

**黒色**
かみの毛に手のひらを当てて、なで下ろす。

**ピンク色**
両手を軽くすぼめ、指先と手首をくっつける。

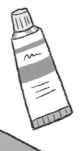

「ピンク色」の手話は、「もも」という意味もあるよ。両手で、ももの形を作っているようにも見えるね！

**水色**
手のひらを上に向けて、むねの上辺りからななめ下に下ろし、「水」という手話をする。そのあと、指先をつまんで両手を合わせ、それぞれを逆方向へひねり、「色」という手話をする。

# サインネームを作ろう！

サインネームとは、その人の名前やとくちょうを、手話や指文字、
ジェスチャーなどを使って表したニックネームのこと。
自分だけのサインネームの作り方を紹介します。

## ① 自分のプロフィール表を作る

プロフィール表を作って、自分のとくちょうをまとめる。

見た目や好きなことの
ほかに、よくするしぐさや
表情など、いろいろな
とくちょうをまとめよう。

**見た目の
とくちょうは**

・笑うと、えくぼができる
・めがねをかけている

**好きなことや
得意なことは**

・走ること
・絵をかくこと
・本を読むこと
・食べること

わたしのプロフィール
みお

**友達に聞いてみよう！**

友達に聞くと、自分では気づけない発見があるかも！ 聞かれたときは、
その人が言われてうれしいとくちょうを見つけて伝えよう。

＼ダンスがうまい！／　＼水色が好きだよね。／　＼字がきれいかな。／　ふむふむ

# ❷ 名前やとくちょうを組み合わせる

サインネームにする自分のとくちょうなどを決めて、組み合わせ方を考える。

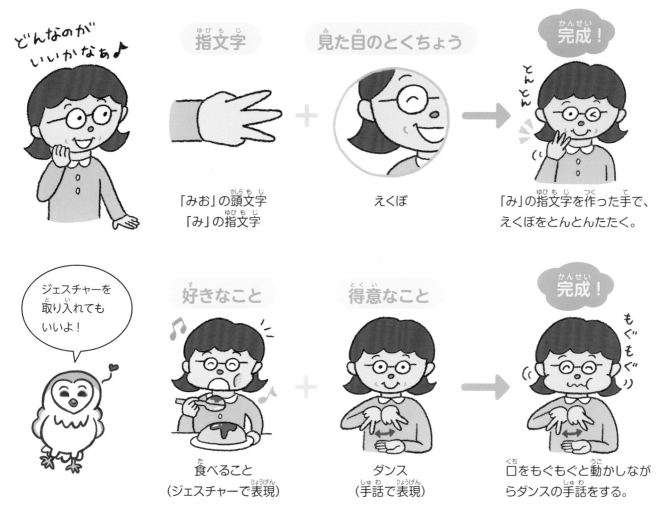

どんなのがいいかなぁ♪

**指文字** ＋ **見た目のとくちょう** → **完成！**

「みお」の頭文字 「み」の指文字 ／ えくぼ ／ 「み」の指文字を作った手で、えくぼをとんとんたたく。

ジェスチャーを取り入れてもいいよ！

**好きなこと** ＋ **得意なこと** → **完成！**

食べること（ジェスチャーで表現） ／ ダンス（手話で表現） ／ 口をもぐもぐと動かしながらダンスの手話をする。

## こんなサインネームもあるよ！

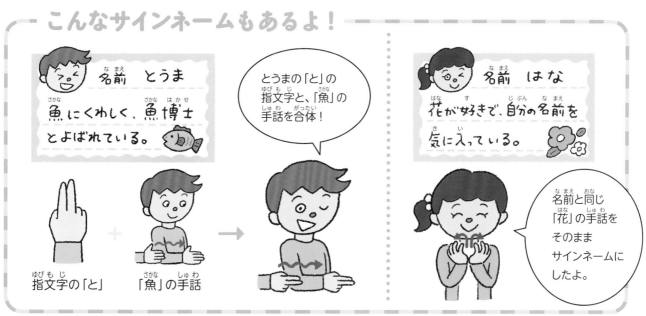

名前　とうま
魚にくわしく、魚博士とよばれている。

とうまの「と」の指文字と、「魚」の手話を合体！

指文字の「と」 ＋ 「魚」の手話

名前　はな
花が好きで、自分の名前を気に入っている。

名前と同じ「花」の手話をそのままサインネームにしたよ。

# ならべかえゲーム

手話で誕生日をたずねて、4月から3月までの日にちの早い順に人を
ならべるゲームです。答える人も、手話を使って誕生日を伝えます。
かんたんな手話でのやり取りを始めてみましょう。

**あそぶ目安**

人数：**5人〜**

時間 **10** 分

## あそび方

❶ グループになり、質問をする人
（1人）と答える人に分かれる。下の質
問の手話を覚えて、誕生日を聞く。

★最後のページに、数字の手話がのっているよ。

24〜25ページの手話レク
を動画で見られるよ！

❷ ほかの人の誕生日も同じように聞いていく。

5月
7日

1月
24日

3月
31日

## 質問と答え方

**質問**

**誕生日は
いつ？**

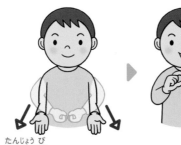

**誕生日**
両手の指先をおなかの前で合わせ、手を開
きながらななめ下に出す。次に、親指と人
さし指を「コ」の字に曲げてむねの前に置く。

**いつ**
上下に置いた両手を、同時に親指から順
に曲げていき、全部の指をにぎる。問い
かけるような表情をすると伝わりやすい。

POINT!

「〇月〇日」の表現の仕方にはルールがあるよ。1～12月の数字は最後まで残したままにしよう。下の答え方を参考にしてね。

「〇日」の数字を1つの手話で表せないときは、十の位を10～30、一の位を1～9の手話で、2つ続けて表現するんだね。

❸ 答えた人みんなを、誕生日の日にちの早い順にならべかえる。

うまくならべられた！

## 競争しよう

グループに分かれて、同時にならべかえゲームを始めよう。速くならべかえができたグループが勝ちだよ。

最後に、質問した人も自分のグループの列に入って、誕生日の日にちが早い順になるようにならんでみよう。

### 答え方

2月15日

**2**
人さし指と中指を横にのばし、「2」を表す。この手は残したままにしておく。

**月**
「2」の下から、親指と人さし指で、下向きに三日月の形をえがく。

**15**
「2」の少し下で、数字の「10」の手話をしたあとに、「5」の手話をする。

# こんな 手話を使ってみよう!

時間を表す手話を覚えて、「ならべかえゲーム」の質問と答えを変えてやってみましょう。「時」の手話は、うで時計をさす動作をします。

### 8時30分

**時**
人さし指で、反対の手首をさす。

**8**
片手を横に向け、小指だけ曲げる。

**30**
人さし指、中指、薬指を立て、指先を軽く曲げる。

**分**
人さし指の先を小さくなめに下ろし、「分」を表す「′」の記号をえがく。

---

### 質問： 昨日、何時にねたの？

**昨日**
顔の横で人さし指をのばし、後ろにふる。

**ねる**
頭にまくらを当てるように、グーを耳の上辺りに当てて、頭を少したおす。

**時間**
人さし指で、反対の手首をさす。「時」の手話と同じ。

**いくつ**
手のひらを上に向けて、親指から順に曲げていき、全部の指をにぎる。

---

### 答え： 10時15分だよ

**時**

**10**

**15**

**分**

**質問：今日、何時に目が覚めたの？**

**今日**
両手の手のひらを下に向け、同時に2回下ろす。

**目が覚める**
両手の親指と人さし指の指先をつけて目元に当て、目を開けるイメージで指を開く。

**時間**

**いくつ**

**答え：6時45分だよ**

**時**

**6**

**45**

**分**

**質問：朝、何時にご飯を食べたの？**

**朝**
顔の横でグーを作り、下げる。

**食べる**
片手の人さし指と中指をのばし、反対の手のひらから口元に近づける。

**時間**

**いくつ**

**答え：7時15分だよ**

**時**

**7**

**15**

**分**

# 推理ゲーム

手話を見て、どんな気持ちなのかを推理して当てるゲームです。音声の言葉と同じように、手話も気持ちを表現することができる言葉。みんなで意見を出し合って、表現の仕方をくふうしてみましょう。

**あそぶ自安**

人数：3〜5人

時間 (10)分

## あそび方

❶ 手話をする人は、言葉を決めて、推理をする人たちに伝える。

28〜29ページの手話レクを動画で見られるよ！

「またね」の手話をするよ。気持ちを当てて！

またね

推理をする人たちは、手話をする人をしっかり観察！

❷ 手話をする人が、気持ちに合った表情をしたり、手の動きの大きさを変えたりしてくふうし、決めた言葉を手話で伝える。

ふむふむ

わかった？

気持ちが伝わるように、手話で話すときは、しっかり表情を見せよう！ 手話の動きは、気持ちに合わせて大小を少しつけてもいいよ。

うれしいとき

またね！

笑顔で、うれしさを表現。

悲しいとき

またね……。

しょんぼりした表情で、悲しさを表現。

❸ 推理をする人たちは、どのような気持ちなのかを考えて、ひとりひとり答える。

100点、取れた！

ゆきくんとけんかしちゃった…

もう知らない！

いつも、どんな表情をしていたかな？

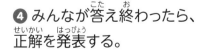

うれしそうには見えなかったなぁ～。

正解は悲しい気持ちでした！

❹ みんなが答え終わったら、正解を発表する。

当たった！

ぼくも！

# こんな 手話 を使ってみよう!

もっといろいろな気持ちや、様子が伝わるように表現をくふうして、「推理ゲーム」を楽しみましょう。たとえば「おいしい」という言葉なら、下の絵のようにいろいろな様子の「おいしい」があります。

おいしい

片手でほおを軽くたたく。

(大好物を食べて)
おいしい!

(きらいなものが意外と)
おいしい!?

(のどがいたいけれど)
おいしい……。

(はらぺこのときに食べて)
おいしいっ!!

(おなかがいっぱいだけれど)
……おいしい。

**いいね**

グーにした手の親指を鼻に当てて、少し前へはなす。

## 表現してみよう

- うらやましがって
- すてきな絵を見て
- いいアイデアを聞いて
- 服がよく似合っている友達を見て
- 相手に気をつかって　など

**なるほど**

親指の指先をあごにつけて、前にのばした人さし指を横へ2回ふる。

## 表現してみよう

- 本当はよくわかっていないけれど
- 勉強を教えてもらって
- おもしろくない話を聞いて
- 感動して
- ふきげんそうに　など

**わかった**

片手で自分のむねを2回たたく。

## 表現してみよう

- むずかしいクイズの答えがわかって
- なっとくしていないけれど
- わかったふりをして
- 自信がないけれど
- 何度もしつこく言われて　など

# 反対言葉ゲーム

リーダーを決めて、リーダーがした手話と反対の意味をもつ手話をするゲームです。なれてきたら、スピードを上げてチャレンジしてみましょう。人数が多くても楽しめます。

あそぶ目安

人数：5人〜

時間 10分

## あそび方

❶ 右のページの「言うこといっしょ、やること反対」という手話をみんなでいっしょにする。

32〜33ページの手話レクを動画で見られるよ！

リーダーは、1回ごとにこうたいしてやってみてね！

「笑う」の手話

❷ かけ声のあとに続けて、リーダーが手話をする。

★このゲームで使える手話が34〜35ページにのっているよ。

# かけ声を覚えよう！

**言う**
口元に立てた人さし指を前に出す。口から言葉が出る様子。

**こと**
指文字の「こ」の形を作る。

**いっしょ**
両手の人さし指をのばして指先を前に向け、左右から引きよせる。

**やる**
両手をグーにし、手のこうを上にして、同時に前へ出す。

**こと**
指文字の「こ」の形を作る。

**反対**
両手の指を軽く曲げて前後に置き、位置を入れかえる。

❸ そのほかの人は、リーダーの手話と、反対の意味の手話をする。

「泣く」の手話ができた！

**成功！**

まちがえて「笑う」の手話をしちゃった…。

**失敗！**

**POINT!**
かけ声の手話を始めるときは、リーダーが「せーの」などと口を動かし合図を出して、みんなの手話がぴったりそろうようにしよう。

# こんな 手話を使ってみよう!

反対言葉のなかには、「好き」「きらい」のように、動きが対になる手話や、「笑う」「泣く」のように、それぞれの様子を表した手話など、覚えやすい手話が多くあります。2つずつまとめて覚えましょう。

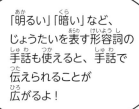

「明るい」「暗い」など、じょうたいを表す形容詞の手話も使えると、手話で伝えられることが広がるよ!

### 好き
親指と人さし指を開いて、のどに向け、指先をとじながら前に下ろす。

### きらい
親指と人さし指をとじて、のどに向け、指先を開きながら前に下ろす。

### 立つ
人さし指と中指をのばして、下に向け、反対の手のひらの上にのせる。

### すわる(いすに)
人さし指と中指を曲げて、反対の手の人さし指と中指にのせる。

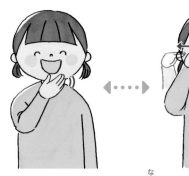

### 笑う
手を口元に当てて軽く動かし、笑うしぐさをする。

### 泣く
親指以外の指を直角に曲げ、目元をこするように左右に動かす。

### 得意
親指と小指をのばし、親指を鼻先に置いて、ななめ前に上げる。

### 苦手
手のひらを自分に向け、指先で鼻をおさえる。

34

## 明るい
両手の手のひらを前に向けて体の前で交差させ、左右に広げて手を開く。

## 暗い
両手の手のひらを前に向けてうでを広げ、顔の前で交差させる。

## 広い
両手をグーにして上下に置き、ひじをはって左右に広げる。

## せまい
両手をグーにして向かい合わせ、ひじを左右に引き、わきばらにつける。

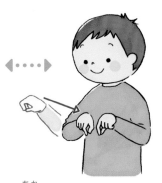

## 遠い
両手とも親指と人さし指をつけて、片方の手だけ前に出す。

## 近い
両手とも親指と人さし指をつけて前後にはなし、遠くの手を引きよせる。

## 動く
両手の人さし指と中指をのばし、こうごに前後させながら円をえがく。

## 止まる
手のひらに、反対の手の小指側を打ちつける。

---

## QUIZ! どの反対言葉？

1 と 2 の手話は、それぞれ反対言葉になっているよ。あ〜えのうち、意味はどれかな？

**1**

グーにして親指を人さし指にのせ、顔をあおぐように動かす。

かたをすくめ、にぎった両手を左右にふるわせる。

**2**

指で輪を作ったほうの手を前に出し、同時に反対の手を引く。

指で輪を作ったほうの手を引きよせ、同時に反対の手を出す。

あ きつい↔ゆるい　　い 長い↔短い　　う 買う↔売る　　え 暑い↔寒い

**35**

# 手話狂言がおもしろい！

日本で古くから親しまれてきた伝統芸能「狂言」。それを手話でえんじる「手話狂言」というものがあります。手話狂言を40年近くえんじてきた、日本ろう者劇団の井崎哲也さんに、手話狂言のみりょくについて聞きました。

**教えてくれた人！**

日本ろう者劇団・俳優
**井崎哲也さん**

1980年日本ろう者劇団を作ったメンバーの1人。現在は、多様な子どもたちが集まる合唱隊「東京ホワイトハンドコーラス」の手話指導なども行っている。

## Q 手話狂言って何？

狂言は、約650年前から行われてきた日本の伝統的なえんげきです。昔の人たちの日常や失敗談などを、セリフとしぐさでえんじます。手話狂言では、日本ろう者劇団の俳優が狂言のしぐさをしながら、手話でえんじます。同時に声のセリフもつけられています。

もともと狂言のセリフは昔の言葉。だから手話狂言も昔の人が使っていた手話を使っているんだよ。

狂言は、物語のなかに「笑い」をもりこんでいるんだって。

## Q 見どころは？

俳優の顔の表情に注目してみてください。手話は手を動かすだけの言葉ではありません。表情ゆたかにえんじることで、人物の心の動きを表現します。

## 海外でも行われている！

1983年にイタリアではじめての海外公演をスタート。日本の手話だけでなく、2015年には国際手話による手話狂言をひろうしました。日本語がわからない海外の人にも、表情や動作から内容がわかると好評です。

## Q 印象に残る出来事は？

公演のあと、聴覚障がいのある老夫婦に「ありがとう。とても楽しかった」と感謝されたことがあります。これまで、いっぱんのぶたいを見て楽しめたことがなかったそうです。聞こえない人がえんげきにふれる機会が少ないからこそ、手話狂言を多くの人にとどけたいです。

## Q 今後の目標は？

すばらしい伝統芸能である狂言と手話が結びついた手話狂言は、聞こえる人も聞こえない人もいっしょに楽しめるものです。今後も手話狂言をえんじることで、昔の手話を大切に語りついでいきたいと思います。

手話と顔の表情やしぐさを合わせてえんじるんだね。

## Q どんなことがむずかしい？

狂言には、こしの高さを上下させないようにすり足で歩くなど、基本のしせいがあります。この動きをたもちながら、手話でセリフを言い、表情もつけていくのはたいへんです。耳が聞こえないので、体でタイミングを覚えていきます。

# まるっと暗記ゲーム

右のページにある5つの手話を覚えて、その手話の意味どおりに体を動かすゲームです。人数が多くなるほど、覚える手話がふえてむずかしくなります。なれてきたら人数をふやしてみましょう。

**あそぶ目安**

人数：5人〜

時間  10分

## あそび方

❶ 手話をする人たちが横にならんで、体を動かす人（1人）に手話を1つずつ順番に見せる。

38〜39ページの手話レクを動画で見られるよ！

1. 回る　2. ジャンプ　3. すわる　4. 立つ　5. ダンス

よしっ、覚えた！

★41ページに、このゲームで使える手話がのっているよ。

回る

ジャンプ

すわる

❷ 体を動かす人は手話を覚えて、順番どおりに体を動かす。

## この手話レクで使う手話は、下の5つ！

**回る**
両手の人さし指をのばして上と下に向け、同時に時計回りに回す。

**ジャンプ**
人さし指と中指をのばして下に向け、反対の手のひらからはね上げる。

**すわる（床に）**
手のひらに、反対の手の人さし指と中指を折り曲げてのせる。

**立つ**
人さし指と中指をのばして下に向け、反対の手のひらの上にのせる。

**ダンス**
人さし指と中指をのばして下に向け、反対の手のひらの上で左右にふる。

立つ

ダンス

**POINT!**

「ジャンプ」と「立つ」のように、手の動きの少しのちがいで、意味が変わってくる手話もあるから、相手の手の動かし方をよく見よう。

手の形と動きが同じでも、手の向きがちがうだけで、手話の意味がちがってくることもあるんだよ。

 あそぼう! 楽しもう!

## 手話暗記ゲーム

**あそび方**
① はじめの人は1つ手話をして、次の人は前の人の手話をしてから自分の手話をする。
② 手話をわすれたり、まちがえたりした人はぬける。最後の1人になるまで続ける。

# こんな 手話を使ってみよう!

39ページの手話を使って「まるっと暗記ゲーム」に成功したら、このページの手話も使ってやってみましょう。体を動かす人は、実際の動作をイメージしてジェスチャーをします。

## ボートをこぐ
両手をグーにして前へ出し、曲線をえがくように、体へ引きよせる。2〜3回続ける。

## 服を着る
両手の親指を立てて、かたからおなかまで、曲線をえがきながら下ろす。

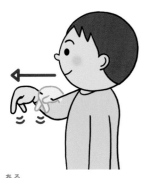

## 歩く
人さし指と中指を下に向け、指をこうごに出して前へ進める。

## 走る
両手をグーにして、体の横でこうごに前後させる。

## 自転車をこぐ
両手をグーにし、自転車をこぐように、こうごに回す。

## 写真をとる
片手で輪を作り、その前をさえぎるように、反対の手をすばやく下ろす。

## スケート
両手の指をのばして前に向け、左右こうごに、ななめ前へ出す。

## すもう
両手をグーにして、片方ずつこうごに、小指側をわきばらに当てる。

## バドミントン
片手でグーを作り、顔の横から反対側にふって、もどす。

## ロッククライミング
両手の指先を曲げて、左右こうごに3回出す。少しずつ上げていく。

# パンパン手話ゲーム

グループのなかでテーマを決めて、それに合う手話を順番にやっていくゲーム。最後の人まで手話が続けば成功です。リズムに乗りながらテンポよく続けてみましょう。

## あそび方

❶ 5〜6人のグループを作り、円になってすわる。右のページにある生き物の単語を見て、それに合うテーマを1つ決める。

42ページの手話レクを動画で見られるよ！

テーマは泳げる生き物

1番目

あひる

パンパン

かえる

成功！

最後の人

ペンギン

いるか

くじら

パンパン

パンパン

パンパン

❷ 1人ずつ順番に、テーマに合う手話をする。手話のあとは、みんなでひざを2回たたく。最後の人まで続けられたら成功。

自分より前の人がした手話は使えないよ。最後まで続けられなかったときは、もう一度、最初からチャレンジしてみよう！ うまくできたときは、「空を飛べる生き物」「しっぽがある生き物」など、テーマを変えてちょうせんしてね。

# 生き物の手話

## りす
のばした両手の人さし指と中指を口元に近づけ、曲げたりのばしたりする。

## ぞう
グーにした手を、手首から曲げて、鼻の先で前後にふる。

## 羊
両手の人さし指を、顔の横で円をえがくように回す。羊の角を表す。

## 牛
両手の親指と人さし指の指先を曲げて、牛の角のように、頭のわきに当てる。

## ペンギン
両手の手のひらを下に向け、体の横につけて、こうごに上下させる。

## あひる
両手を、こうごになめ下に動かす。あひるが歩くときの足の動きをイメージ。

## ふくろう
丸めた両手を目に当て、手を開きながら左右に引く。ぱっちり開いた目を表現。

## すずめ
両手の人さし指で、ほおに円をえがく。すずめのほおにあるもようを表す。

## いるか
両手を向かい合わせて、いるかが泳ぐように曲線をえがきながら動かす。

## くじら
すぼめた手を開きながら、顔の横から後ろへ動かす。くじらがしおをふく様子。

## かえる
両手の手のひらを下に向けてひじをはり、体の前でぴょんぴょんと上下させる。

## ほたる
人さし指の指先を曲げた手に反対の手をのせ、開いたりとじたりしながら上げる。

## ばった
人さし指と中指をのばして、前に向かってぴょんぴょんと動かす。

## てんとうむし
親指と人さし指で輪を作り、体のもようのように、反対の手のこうに数回当てる。

## せみ
両手で耳をふさぐようにして、手をふるわせる。

# ことわざゲーム

あそぶ目安

6〜7ページの「当てっこゲーム」の上級編です。ことわざを表す手話を見て、その手話の意味を当てます。手指の動かし方をよく見て、ことわざの意味を考えてみましょう。

人数：3〜6人

時間 ⟳10分

## あそび方

❶ ことわざのヒントになるカードを用意し、黒板にはる。

❷ 手話をする人（1人）は、ことわざを1つ決めて、手話をみんなに見せる。

❸ 当てる人は、手話とカードを見て、ことわざを当てる。

44ページの手話レクを動画で見られるよ！

# こんな 手話 を使ってみよう！

さ

さ
るも
木から
落ちる

### どんな意味？

どんなにすぐれた人でも、失敗をすることはあるということのたとえ。

| さる | 木 | 落ちる |
|---|---|---|

片手の指を曲げて反対の手のこうをかく。

両手の親指と人さし指を向き合わせ、下からななめ上へ広げる。

親指と人さし指を丸めた片手に、人さし指と中指を曲げた反対の手を近づけて下ろす。

は

は
らが
へっては
戦ができぬ

### どんな意味？

おなかがへっていては、よい働きができないので、しっかり食事をとってから取り組むのが大事だということ。

| おなかがすく | 戦 | できない |
|---|---|---|

手のひらをおなかに当て、えぐるようにななめ下に向かって出す。

のばした両手の人さし指をこうごに前後させながら、体の中心でふれ合わせる。

両手をグーにして上下に合わせ、左右に力強く引きはなす。

**45**

## どんぐりの せいくらべ

### どんな意味？
どれも同じくらいで、とくに すぐれたものがないこと。

| どんぐり | せ | 同じくらい |
|---|---|---|
|  |  |  |
| 両手の指先と手首を くっつけてどんぐり の形を作り、左右に ふる。 | 人さし指を上に向け てのばし、頭のわき につける。 | 両手を水平に置き、 こうごに上下させな がら、左右に引く。 |

## 石の上にも三年

### どんな意味？
何事もがまん強くやりぬけ ば、いつかはよい結果が出 るということ。

| たえ続ける | 飛び出る |
|---|---|
|  |  |
| 片手の親指を立て、反 対の手を横にしてのせ る。そのまま前につき だす。 | 前につきだしたまま、 上側の手の前に下側の 手を出す。 |

## 七転び八起き

### どんな意味？
何度失敗しても、めげずに がんばること。

| 七転び | 成功する |
|---|---|
|  | 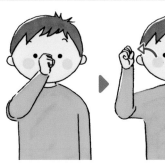 |
| 両手とも数字の「7」を 作り、こうごに前へ出 すように回転させる。 | 鼻に当てたグーを、ななめ上へすばやく動 かす。 |

# さくいん

**監修 大杉 豊**
**(筑波技術大学 教授)**

ろう者。劇団員、専門学校教員を経て、米国ロチェスター大学大学院言語研究科修了、言語学博士。2006年より現職。専門は手話言語学、ろう者学。主な編著に、『国際手話のハンドブック』(三省堂)、共編著に、『手話言語白書』(明石書店)、「わたしたちの手話 学習辞典」シリーズ(一般財団法人全日本ろうあ連盟)など、多数。

| | |
|---|---|
| 表紙イラスト | 磯村仁穂 |
| 本文イラスト | 村田エリー　赤川ちかこ　石崎伸子 |
| キャラクターイラスト | タダユキヒロ |
| デザイン | 鳥住美和子　高橋明優　吉原佑実 (chocolate.) |
| 編集 | 久保緋菜乃　姉川直保子<br>秋田葉子　滝沢奈美 (ウィル)　小園まさみ |
| DTP | 小林真美 (ウィル)　藤城義絵 |
| 校正 | 村井みちよ |
| 校正協力 | 田口真央　藤野桃香 |
| 動画協力 | 谷 千春 (NPO手話技能検定協会副理事長)<br>白鳥 環　寄口遥希　小林優芽　姉川実穂<br>那須康史 (株式会社GROP)<br>寺澤洋次郎　松本 亘 (株式会社Desing Office CAN) |
| 取材協力・画像提供 | 日本ろう者劇団 |
| 参考書籍 | 「わたしたちの手話 学習辞典」シリーズ<br>(一般財団法人 全日本ろうあ連盟) |

# 知ろう! あそぼう! 楽しもう! はじめての手話③
# 手話レクであそぼう!

| | |
|---|---|
| 発　行 | 2022年4月　第1刷 |
| 監　修 | 大杉 豊 (筑波技術大学 教授) |
| 発行者 | 千葉 均 |
| 編　集 | 小林真理菜 |
| 発行所 | 株式会社ポプラ社<br>〒102-8519　東京都千代田区麹町4-2-6<br>ホームページ　www.poplar.co.jp (ポプラ社)<br>kodomottolab.poplar.co.jp (こどもっとラボ) |
| 印刷・製本 | 大日本印刷株式会社 |

ISBN 978-4-591-17301-5　N.D.C.801　47p　29cm　Printed in Japan
©POPLAR Publishing Co.,Ltd. 2022

P7233003

あそびをもっと、
まなびをもっと。

こどもっとラボ

知ろう！ あそぼう！ 楽しもう！

# はじめての手話

## 全5巻

監修：大杉 豊（筑波技術大学 教授）

**❶ 手話を知ろう！** N.D.C.801

**❷ 手話で話そう！** N.D.C.801

**❸ 手話レクであそぼう！** N.D.C.801

手話ソング制作：谷 千春
（NPO手話技能検定協会副理事長）

**❹ 手話で歌おう！** N.D.C.801

インタビュー！
**❺ 手話の世界** N.D.C.801

小学校中学年〜高学年向き
各47ページ
A4変型判オールカラー

図書館用特別堅牢製本図書

# 指文字表 数字・アルファベット

## 数字

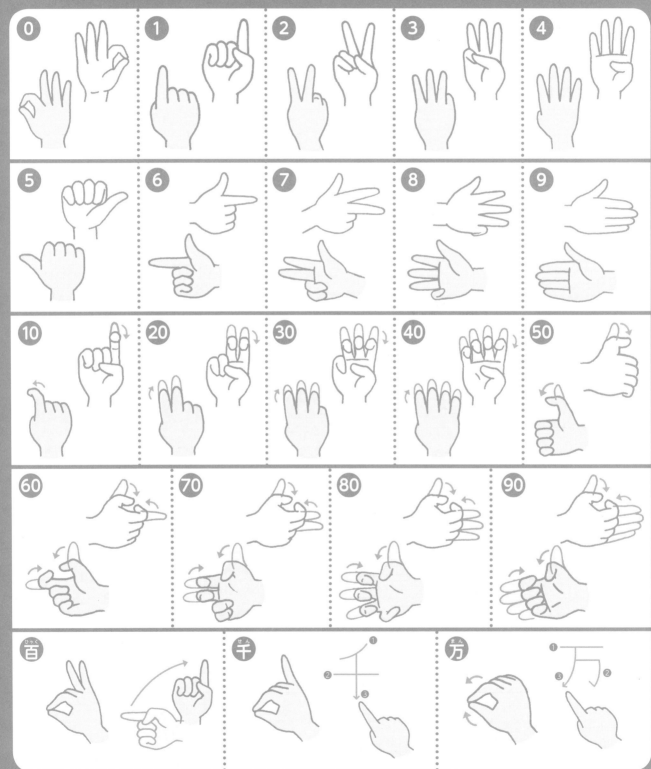